I0016673

MaestroPlc

Limitazione di Responsabilità
L'editore e gli autori non assumono alcuna responsabilità per eventuali errori, omissioni o inesattezze presenti nel contenuto. Tutte le informazioni contenute nel libro sono fornite "così come sono" e non costituiscono consulenza professionale, medica, legale, finanziaria o di altro tipo. L'uso delle informazioni contenute in questo libro è a totale discrezione e responsabilità del lettore.

L'editore declina ogni responsabilità per eventuali danni diretti, indiretti, accidentali o consequenziali derivanti dall'uso o dall'interpretazione del contenuto di questo libro.

Contenuti Sensibili e Destinazione d'Uso
Questo libro è stato creato per scopi informativi, educativi o di intrattenimento. Alcuni contenuti potrebbero non essere adatti a tutti i lettori. L'editore non si assume alcuna responsabilità per eventuali effetti psicologici, emotivi o di altro tipo derivanti dalla lettura del presente volume.

Se il libro contiene contenuti per adulti o tematiche delicate, il lettore è responsabile di verificare se il contenuto è appropriato per la propria età e sensibilità. L'editore non è responsabile per l'accesso a contenuti non adatti a determinate fasce d'età.

Intelligenza Artificiale e Autorialità
Alcune parti di questo libro potrebbero essere state generate, coadiuvate o modificate mediante l'uso di tecnologie di intelligenza artificiale sotto la supervisione e il controllo di professionisti umani. L'editore non è responsabile per eventuali inesattezze, riferimenti errati o omissioni

dovute all'uso di tali tecnologie.

Qualsiasi somiglianza con eventi reali, persone esistenti o marchi registrati è puramente casuale, a meno che non sia espressamente indicato diversamente.

Marchi e Proprietà Intellettuale
Tutti i marchi, nomi di prodotti, nomi di aziende o loghi citati nel presente libro appartengono ai rispettivi proprietari. L'uso di tali nomi non implica alcuna affiliazione o approvazione da parte delle rispettive società o detentori dei diritti.

Condizioni di Vendita e Distribuzione
L'acquisto di questo libro non conferisce al lettore alcun diritto di distribuzione, rivendita o riproduzione non autorizzata. Qualsiasi copia illegale, riproduzione o condivisione non autorizzata è perseguibile a norma di legge.

Giurisdizione e Legge Applicabile
Questo libro è pubblicato e distribuito nel rispetto delle leggi sul diritto d'autore. Qualsiasi controversia derivante dall'uso, interpretazione o distribuzione del presente volume sarà regolata dalle leggi e sarà soggetta alla competenza esclusiva dei tribunali.

Maestria nella programmazione PLC: teoria e pratica integrate

Immergersi nel mondo della programmazione dei PLC (Programmable Logic Controller) è un'esperienza che apre le porte a una vasta gamma di opportunità per ottimizzare i processi industriali. Questo capitolo è progettato per offrire una panoramica completa e integrata della teoria e della pratica della programmazione PLC, fornendo le basi necessarie per iniziare con il piede giusto.

Iniziamo con i concetti fondamentali. Un PLC è un dispositivo elettronico utilizzato per l'automazione industriale. A differenza dei computer tradizionali, i PLC sono progettati per funzionare in ambienti industriali difficili, resistendo a vibrazioni, temperature estreme e interferenze elettriche. La loro funzione principale è quella di controllare macchinari e processi attraverso la lettura di input, l'esecuzione di calcoli logici e l'invio di output per attivare o disattivare dispositivi.

Per comprendere appieno le potenzialità dei PLC, è essenziale familiarizzare con le loro tipologie. I PLC possono variare in termini di dimensioni, capacità di elaborazione e numero di ingressi/uscite. I PLC compatti sono ideali per applicazioni semplici e piccole, mentre i PLC modulari offrono maggiore flessibilità e scalabilità per progetti più complessi. Inoltre, esistono PLC specializzati per applicazioni specifiche, come quelli utilizzati nell'industria alimentare o in ambienti pericolosi.

Una volta comprese le tipologie di PLC, è il momento di addentrarsi nelle basi teoriche della programmazione. La programmazione PLC si basa su linguaggi di programmazione specifici, come il Ladder Diagram (LD), il Function Block Diagram (FBD), lo Structured Text (ST) e il Sequential Function Chart (SFC). Ognuno di questi linguaggi ha i suoi vantaggi e viene utilizzato in base alle esigenze del progetto.

Il Ladder Diagram, spesso paragonato ai circuiti elettrici, è uno dei linguaggi più utilizzati. Utilizza simboli grafici per rappresentare contatti e bobine, rendendo più intuitiva la comprensione dei processi logici. Il Function Block Diagram, d'altra parte, utilizza blocchi funzionali per rappresentare le operazioni, offrendo una visualizzazione più astratta del processo. Lo Structured Text assomiglia ai linguaggi di programmazione tradizionali come il C o il Pascal, consentendo una maggiore flessibilità nella scrittura di algoritmi complessi. Infine, il Sequential Function Chart è ideale per la rappresentazione di processi sequenziali, utilizzando stati e transizioni per descrivere il flusso del processo.

Per mettere in pratica questi concetti, è fondamentale seguire le migliori pratiche di programmazione. Innanzitutto, è essenziale pianificare attentamente il progetto. Questo include la definizione degli obiettivi, la mappatura dei processi e la selezione del PLC appropriato. Una pianificazione dettagliata aiuta a evitare errori e a garantire che il sistema soddisfi le esigenze specifiche dell'applicazione.

Durante la fase di programmazione, è importante adottare un approccio modulare. Questo significa suddividere il programma in sezioni più piccole e gestibili, ognuna delle quali svolge una funzione specifica. Un approccio modulare non solo rende più facile la scrittura e il debug del programma, ma facilita anche la manutenzione e l'aggiornamento futuro.

Un altro aspetto cruciale è la documentazione. Documentare ogni parte del programma, inclusi i commenti sul codice e le descrizioni delle funzioni, è essenziale per garantire che il programma sia comprensibile non solo per l'autore, ma anche per altri che potrebbero dover lavorare su di esso in futuro. La documentazione chiara e dettagliata è un elemento fondamentale per la sostenibilità a lungo termine del progetto.

Testare il programma in un ambiente simulato prima di implementarlo nell'ambiente reale è una pratica altamente raccomandata. Molti software di programmazione PLC offrono funzionalità di simulazione che permettono di verificare il funzionamento del programma senza rischiare danni ai macchinari o interruzioni nella produzione. Questo passaggio è cruciale per identificare e correggere eventuali errori o inefficienze prima che il programma entri in funzione.

Infine, è importante considerare la sicurezza. La programmazione PLC deve tenere conto delle normative e degli standard di sicurezza pertinenti. Questo include la protezione contro accessi non autorizzati, la gestione sicura degli errori e l'implementazione di misure di sicurezza per prevenire guasti catastrofici.

Per concludere, la programmazione dei PLC è un campo vasto e complesso, ma con le basi teoriche e pratiche giuste, chiunque può diventare un maestro in questo ambito. Integrare teoria e pratica, seguire le migliori pratiche di programmazione e mantenere un approccio metodico e attento alla sicurezza sono i pilastri su cui costruire competenze solide e durature nella programmazione PLC. Questo capitolo ha fornito una panoramica completa per iniziare, ma il vero apprendimento avviene attraverso la pratica costante e l'applicazione delle conoscenze acquisite in progetti reali.

Guida completa alla configurazione hardware e software dei PLC

Immergersi nella configurazione hardware e software dei PLC è un passaggio cruciale per sfruttare al massimo le potenzialità di questi dispositivi nell'automazione industriale. Questo capitolo è progettato per offrire una guida dettagliata e completa su come configurare correttamente i PLC, esaminando i componenti chiave, le procedure di configurazione e le migliori pratiche per garantire un setup efficace.

Iniziamo con i componenti hardware essenziali di un PLC. Un PLC tipico è composto da una CPU (Central Processing Unit), moduli di input/output (I/O), alimentatori e spesso anche da un display per la programmazione e il monitoraggio. La CPU è il cuore del PLC, responsabile dell'esecuzione dei programmi e della gestione dei processi. I moduli I/O permettono al PLC di interfacciarsi con il mondo esterno, leggendo input da sensori e attuatori e inviando output per controllare macchinari e dispositivi. Gli alimentatori forniscono la potenza necessaria per far funzionare il PLC, mentre il display, spesso integrato o esterno, consente agli operatori di programmare, monitorare e diagnosticare il sistema.

La configurazione hardware inizia con la scelta del PLC appropriato per l'applicazione specifica. È fondamentale considerare fattori come il numero di ingressi/uscite richiesti, la capacità di elaborazione, la resistenza ambientale e le opzioni di comunicazione. Una volta selezionato il PLC, è necessario montare e cablare i moduli I/O. Questo processo richiede attenzione ai dettagli per garantire connessioni sicure e affidabili. È importante seguire i diagrammi di cablaggio forniti dal produttore e utilizzare strumenti appropriati per evitare errori di installazione.

Una volta completata la configurazione

hardware, è il momento di passare alla configurazione software. Il software di programmazione PLC, spesso chiamato ambiente di sviluppo integrato (IDE), è lo strumento utilizzato per scrivere, testare e caricare i programmi sul PLC. Esistono diversi IDE disponibili, ognuno con le proprie caratteristiche e interfaccia utente. È essenziale familiarizzare con l'IDE scelto, comprendendo le sue funzioni e strumenti per sfruttarne al meglio le potenzialità.

La configurazione software inizia con la creazione di un nuovo progetto. Questo passaggio include la selezione del PLC target, la definizione delle impostazioni di comunicazione e la configurazione dei moduli I/O. È importante assicurarsi che le impostazioni software corrispondano alla configurazione hardware per evitare conflitti e malfunzionamenti. Una volta configurato il progetto, è possibile iniziare a scrivere il programma PLC utilizzando uno dei linguaggi di programmazione supportati, come il Ladder Diagram, il Function Block Diagram, lo Structured Text o il Sequential Function Chart.

Durante la scrittura del programma, è fondamentale adottare un approccio strutturato e modulare. Questo significa suddividere il programma in sezioni più piccole e gestibili, ognuna delle quali svolge una funzione specifica. Un approccio modulare non solo rende più facile la scrittura e il debug del programma, ma facilita anche la manutenzione e l'aggiornamento futuro. È inoltre essenziale documentare ogni parte del programma, inclusi i commenti sul codice e le descrizioni delle funzioni, per garantire che il programma sia comprensibile non solo per l'autore, ma anche per altri che potrebbero dover lavorare su di esso in futuro.

Un altro aspetto cruciale della configurazione software è il testing. Testare il programma in un ambiente simulato prima di implementarlo nell'ambiente reale è una pratica altamente raccomandata. Molti IDE offrono funzionalità di simulazione che permettono di verificare il funzionamento del programma senza rischiare danni ai macchinari o interruzioni nella produzione. Questo passaggio è cruciale per identificare e correggere eventuali errori o inefficienze prima che il programma entri in funzione.

Una volta testato e perfezionato il programma, è possibile caricarlo sul PLC. Questo processo, noto come download, richiede una connessione stabile tra il computer e il PLC. È importante seguire le procedure di download fornite dal produttore per evitare errori e garantire un trasferimento sicuro e corretto del programma. Dopo il download, è essenziale verificare il funzionamento del PLC nell'ambiente reale, monitorando gli input e gli output per assicurarsi che il sistema funzioni come previsto.

Infine, è importante considerare la sicurezza durante la configurazione hardware e software dei PLC. La sicurezza include la protezione contro accessi non autorizzati, la gestione sicura degli errori e l'implementazione di misure di sicurezza per prevenire guasti catastrofici. È fondamentale seguire le normative e gli standard di sicurezza pertinenti per garantire un setup sicuro e affidabile.

In conclusione, la configurazione hardware e software dei PLC è un processo complesso ma essenziale per ottimizzare i processi industriali e migliorare l'efficienza operativa. Seguendo le procedure descritte in questo capitolo e adottando le migliori pratiche, è possibile garantire un setup corretto e affidabile. La combinazione di una configurazione hardware accurata e una programmazione software ben strutturata è la chiave per sfruttare al massimo le potenzialità dei PLC e ottenere risultati eccellenti nell'automazione industriale. Questo capitolo ha fornito una guida dettagliata per iniziare, ma il vero apprendimento avviene attraverso la pratica costante e l'applicazione delle conoscenze acquisite in progetti reali.

Ottimizzazione e tecniche avanzate nella programmazione PLC

In questo capitolo, esploreremo le tecniche di programmazione avanzate per i PLC, offrendo strumenti e metodologie per affrontare problemi complessi e ottimizzare le prestazioni del sistema. La programmazione PLC non si limita solo ai concetti di base; per sfruttare al massimo le potenzialità di questi dispositivi, è necessario addentrarsi in tecniche più sofisticate che permettono di migliorare l'efficienza, la flessibilità e la robustezza delle applicazioni industriali.

Iniziamo con l'ottimizzazione delle prestazioni. Un aspetto cruciale della programmazione avanzata è la gestione efficiente delle risorse del PLC. Questo include l'ottimizzazione del tempo di esecuzione del programma, la riduzione del consumo di memoria e la gestione intelligente degli input/output. Per ottenere questi obiettivi, è fondamentale comprendere come il PLC elabora i programmi e come ottimizzare il codice per sfruttare al meglio le risorse disponibili.

Una tecnica efficace per ottimizzare il tempo di esecuzione è l'utilizzo di algoritmi efficienti. Questo significa scegliere la struttura dati e gli algoritmi più adatti al problema specifico. Ad esempio, l'utilizzo di array e matrici può semplificare la gestione di grandi quantità di dati, mentre l'implementazione di algoritmi di ricerca e ordinamento efficienti può ridurre significativamente il tempo di esecuzione. Inoltre, è importante evitare cicli inutili e ridondanze nel codice, utilizzando invece costrutti condizionali e iterativi in modo strategico.

La gestione della memoria è un altro aspetto critico. I PLC hanno una memoria limitata, quindi è essenziale utilizzare la memoria in modo efficiente. Questo significa evitare la creazione di variabili inutili e liberare la memoria non appena non è più necessaria. L'utilizzo di tecniche di allocazione dinamica della memoria, quando supportate dal PLC, può aiutare a gestire meglio le risorse disponibili.

Per quanto riguarda la gestione degli input/output, è importante ottimizzare il modo in cui il PLC interagisce con il mondo esterno. Questo include la riduzione del numero di letture e scritture non necessarie, l'utilizzo di tecniche di polling efficienti e la gestione intelligente delle interruzioni. L'utilizzo di moduli I/O ad alta velocità e bassa latenza può migliorare significativamente le prestazioni del sistema.

Un altro aspetto fondamentale della programmazione avanzata è la modularità e la riusabilità del codice. Scrivere programmi modulari significa suddividere il codice in sezioni più piccole e gestibili, ognuna delle quali svolge una funzione specifica. Questo approccio non solo rende più facile la scrittura e il debug del programma, ma facilita anche la manutenzione e l'aggiornamento futuro. Inoltre, la modularità permette di riutilizzare parti del codice in progetti futuri, riducendo il tempo di sviluppo e migliorando la coerenza tra i progetti.

Per implementare la modularità, è importante utilizzare tecniche di programmazione strutturata e orientata agli oggetti, quando supportate dal PLC. Questo include l'utilizzo di funzioni e subroutine per incapsulare la logica di processo, l'utilizzo di classi e oggetti per rappresentare entità complesse e l'implementazione di pattern di progettazione comuni. Inoltre, è essenziale documentare ogni parte del programma, inclusi i commenti sul codice e le descrizioni delle funzioni, per garantire che il programma sia comprensibile non solo per l'autore, ma anche per altri che potrebbero dover lavorare su di esso in futuro.

Un altro aspetto cruciale della programmazione avanzata è la gestione degli errori e delle eccezioni. I PLC devono essere in grado di gestire situazioni impreviste e anomalie in modo sicuro ed efficiente. Questo include l'implementazione di routine di gestione degli errori che permettono di identificare, registrare e correggere gli errori in modo automatico. Inoltre, è importante implementare meccanismi di fail-safe che garantiscono il funzionamento sicuro del sistema anche in caso di errori critici.

Per implementare una gestione efficace degli errori, è importante utilizzare tecniche di programmazione difensiva. Questo significa prevedere e gestire tutte le possibili situazioni di errore, utilizzando costrutti condizionali e iterativi per verificare le condizioni di ingresso e uscita delle funzioni. Inoltre, è importante implementare routine di logging che permettono di registrare gli errori e le anomalie in modo dettagliato, facilitando la diagnosi e la risoluzione dei problemi.

Un altro aspetto importante della programmazione avanzata è l'integrazione con altri sistemi e dispositivi. I PLC moderni devono essere in grado di comunicare con una vasta gamma di dispositivi e sistemi, inclusi sensori, attuatori, sistemi SCADA e altri PLC. Questo include l'implementazione di protocolli di comunicazione standard, come Modbus,

Profibus e Ethernet/IP, e l'utilizzo di tecniche di networking avanzate per garantire una comunicazione affidabile e sicura.

Per implementare una comunicazione efficace, è importante comprendere i principi di base della comunicazione industriale. Questo include la comprensione dei protocolli di comunicazione, la gestione delle connessioni e la risoluzione dei problemi di rete. Inoltre, è importante implementare tecniche di sicurezza della comunicazione, come la crittografia e l'autenticazione, per garantire la protezione dei dati e la prevenzione degli accessi non autorizzati.

Infine, un aspetto cruciale della programmazione avanzata è la sicurezza del sistema. I PLC devono essere protetti contro accessi non autorizzati, attacchi informatici e guasti catastrofici. Questo include l'implementazione di misure di sicurezza fisica e logica, come la protezione delle porte di accesso, l'utilizzo di password sicure e la gestione degli aggiornamenti del firmware. Inoltre, è importante implementare tecniche di sicurezza del software, come la verifica del codice e la protezione contro le vulnerabilità note.

Per implementare una sicurezza efficace, è importante seguire le normative e gli standard di sicurezza pertinenti, come la norma IEC 62443 per la sicurezza dei sistemi di controllo industriale. Inoltre, è importante implementare una cultura della sicurezza all'interno dell'organizzazione, formando il personale sulle migliori pratiche di sicurezza e promuovendo una mentalità di sicurezza in tutti i progetti di automazione.

In conclusione, la programmazione avanzata dei PLC è un campo vasto e complesso, ma con le tecniche e le metodologie giuste, chiunque può ottimizzare le prestazioni del sistema e affrontare problemi complessi. Integrare tecniche di ottimizzazione delle prestazioni, modularità e riusabilità del codice, gestione degli errori e delle eccezioni, integrazione con altri sistemi e dispositivi e sicurezza del sistema sono i pilastri su cui costruire competenze solide e durature nella programmazione PLC. Questo capitolo ha fornito una panoramica completa delle tecniche avanzate, ma il vero apprendimento avviene attraverso la pratica costante e l'applicazione delle conoscenze acquisite in progetti reali.

Maestria nei segnali: Ottimizzazione ingressi e uscite PLC

In questo capitolo, esploreremo la gestione degli ingressi e uscite (I/O) nei PLC, un aspetto fondamentale per ottimizzare i processi industriali e garantire un funzionamento efficiente e affidabile. La gestione degli I/O comprende sia gli ingressi e uscite analogici che digitali, ognuno con le proprie caratteristiche e applicazioni specifiche. Attraverso una combinazione di teoria e pratica, impareremo come configurare e ottimizzare gli I/O per sfruttare al massimo le potenzialità dei PLC.

Iniziamo con gli ingressi e uscite digitali. Gli I/O digitali sono utilizzati per leggere e scrivere segnali binari, ovvero segnali che possono assumere solo due stati: ON (1) o OFF (0). Questi segnali sono ideali per controllare dispositivi come relè, solenoidi e indicatori luminosi, nonché per leggere lo stato di interruttori e sensori binari. La configurazione degli I/O digitali inizia con la scelta dei moduli I/O appropriati. I moduli di input digitali sono utilizzati per leggere segnali provenienti da sensori e interruttori, mentre i moduli di output digitali sono utilizzati per controllare dispositivi come relè e attuatori.

Per configurare gli I/O digitali, è necessario seguire alcune procedure fondamentali. Innanzitutto, è importante identificare le specifiche dei segnali che devono essere letti o scritti. Questo include la tensione e la corrente dei segnali, nonché la polarità e il tipo di connessione. Una volta identificate le specifiche, è necessario selezionare i moduli I/O appropriati e cablarli secondo i diagrammi di cablaggio forniti dal produttore. È importante assicurarsi che le connessioni siano sicure e affidabili per evitare errori di installazione.

Una volta cablati i moduli I/O, è necessario

configurare il software di programmazione PLC. Questo passaggio include la selezione del PLC target, la definizione delle impostazioni di comunicazione e la configurazione dei moduli I/O. È importante assicurarsi che le impostazioni software corrispondano alla configurazione hardware per evitare conflitti e malfunzionamenti. Una volta configurato il progetto, è possibile iniziare a scrivere il programma PLC utilizzando uno dei linguaggi di programmazione supportati, come il Ladder Diagram, il Function Block Diagram, lo Structured Text o il Sequential Function Chart.

Durante la scrittura del programma, è fondamentale adottare un approccio strutturato e modulare. Questo significa suddividere il programma in sezioni più piccole e gestibili, ognuna delle quali svolge una funzione specifica. Un approccio modulare non solo rende più facile la scrittura e il debug del programma, ma facilita anche la manutenzione e l'aggiornamento futuro. È inoltre essenziale documentare ogni parte del programma, inclusi i commenti sul codice e le descrizioni delle funzioni, per garantire che il programma sia comprensibile non solo per l'autore, ma anche per altri che potrebbero dover lavorare su di esso in futuro.

Passiamo ora agli ingressi e uscite analogici. Gli I/O analogici sono utilizzati per leggere e scrivere segnali continui, ovvero segnali che possono assumere un valore compreso tra un minimo e un massimo. Questi segnali sono ideali per controllare dispositivi come valvole proporzionali, motori a velocità variabile e sensori di temperatura, pressione e livello. La configurazione degli I/O analogici inizia con la scelta dei moduli I/O appropriati. I moduli di input analogici sono utilizzati per leggere segnali provenienti da sensori, mentre i moduli di output analogici sono utilizzati per controllare dispositivi come valvole e attuatori.

Per configurare gli I/O analogici, è necessario seguire alcune procedure fondamentali. Innanzitutto, è importante identificare le specifiche dei segnali che devono essere letti o scritti. Questo include la tensione e la corrente dei segnali, nonché il range di valori e la risoluzione. Una volta identificate le specifiche, è necessario selezionare i moduli I/O appropriati e cablarli secondo i diagrammi di cablaggio forniti dal produttore. È importante assicurarsi che le connessioni siano sicure e affidabili per evitare errori di installazione.

Una volta cablati i moduli I/O, è necessario configurare il software di programmazione PLC. Questo passaggio include la selezione del PLC target, la definizione delle impostazioni di comunicazione e la configurazione dei moduli I/O. È importante assicurarsi che le impostazioni software corrispondano alla configurazione hardware per evitare conflitti e malfunzionamenti. Una volta configurato il progetto, è possibile iniziare a scrivere il programma PLC utilizzando uno dei linguaggi di programmazione supportati, come il Ladder Diagram, il Function Block Diagram, lo Structured Text o il Sequential Function Chart.

Durante la scrittura del programma, è fondamentale adottare un approccio strutturato e modulare. Questo significa suddividere il programma in sezioni più piccole e gestibili, ognuna delle quali svolge una funzione specifica. Un approccio modulare non solo rende più facile la scrittura e il debug del programma, ma facilita anche la manutenzione e l'aggiornamento futuro. È inoltre essenziale documentare ogni parte del programma, inclusi i commenti sul codice e le descrizioni delle funzioni, per garantire che il programma sia comprensibile non solo per l'autore, ma anche per altri che potrebbero dover lavorare su di esso in futuro.

Un altro aspetto cruciale della gestione degli I/O è la taratura e la calibrazione. La taratura è il processo di regolazione dei moduli I/O per garantire che i segnali letti o scritti siano accurati e affidabili. La calibrazione, d'altra parte, è il processo di verifica e correzione dei moduli I/O per garantire che i segnali siano entro i limiti specificati. Entrambi questi processi sono essenziali per garantire un funzionamento ottimale del sistema.

Per tarare e calibrare gli I/O, è necessario utilizzare strumenti di misurazione di precisione, come multimetri e oscilloscopi. È importante seguire le procedure di taratura e calibrazione fornite dal produttore per garantire risultati accurati e affidabili. Inoltre, è importante documentare i risultati della taratura e della calibrazione per garantire la tracciabilità e la ripetibilità dei processi.

Infine, è importante considerare la sicurezza durante la gestione degli I/O. La sicurezza include la protezione contro accessi non autorizzati, la gestione sicura degli errori e l'implementazione di misure di sicurezza per prevenire guasti catastrofici. È fondamentale seguire le normative e gli standard di sicurezza pertinenti per garantire un setup sicuro e affidabile.

In conclusione, la gestione degli ingressi e uscite nei PLC è un aspetto fondamentale per ottimizzare i processi industriali e garantire un funzionamento efficiente e affidabile. Seguendo le procedure descritte in questo capitolo e adottando le migliori pratiche, è possibile garantire una configurazione corretta e affidabile degli I/O. La combinazione di una configurazione hardware accurata e una programmazione software ben strutturata è la chiave per sfruttare al massimo le potenzialità dei PLC e ottenere risultati eccellenti nell'automazione industriale.

Questo capitolo ha fornito una guida dettagliata per iniziare, ma il vero apprendimento avviene attraverso la pratica costante e l'applicazione delle conoscenze acquisite in progetti reali.

Ottimizzazione processi industriali con algoritmi PLC avanzati

In questo capitolo, esploreremo l'implementazione di algoritmi di controllo avanzati nei PLC per ottimizzare i processi industriali. La programmazione di algoritmi avanzati è essenziale per migliorare l'efficienza, la precisione e la flessibilità delle operazioni industriali. Attraverso una combinazione di teoria e pratica, impareremo come configurare e ottimizzare questi algoritmi per garantire un funzionamento ottimale.

Iniziamo con la configurazione degli algoritmi di controllo. La prima fase consiste nella selezione dell'algoritmo appropriato per l'applicazione specifica. Gli algoritmi di controllo possono variare da semplici loop di feedback a complessi algoritmi di controllo predittivo. È fondamentale comprendere le esigenze del processo e scegliere l'algoritmo che meglio si adatta a tali esigenze.

Una volta selezionato l'algoritmo, è necessario configurare i parametri di controllo. Questo include la definizione dei setpoint, dei limiti di intervento e delle costanti di guadagno. La configurazione corretta dei parametri è cruciale per garantire un controllo efficace e stabile. È importante seguire le procedure di configurazione fornite dal produttore e utilizzare strumenti di analisi per verificare la risposta del sistema.

Un aspetto fondamentale della configurazione degli algoritmi di controllo è la calibrazione. La calibrazione consiste nell'adattare i parametri dell'algoritmo in modo che il sistema risponda in modo ottimale alle variazioni di input. Questo processo richiede l'utilizzo di strumenti di misurazione di precisione e la raccolta di dati sul comportamento del sistema. È importante documentare i risultati della calibrazione per garantire la tracciabilità e la ripetibilità del processo.

Una volta configurati e calibrati gli algoritmi di controllo, è il momento di implementarli nel PLC. Questo passaggio include la scrittura del programma di controllo utilizzando uno dei linguaggi di programmazione supportati, come il Ladder Diagram, il Function Block Diagram, lo Structured Text o il Sequential Function Chart. È fondamentale adottare un approccio strutturato e modulare durante la scrittura del programma. Questo significa suddividere il programma in sezioni più piccole e gestibili, ognuna delle quali svolge una funzione specifica. Un approccio modulare non solo rende più facile la scrittura e il debug del programma, ma facilita anche la manutenzione e l'aggiornamento futuro.

Durante la scrittura del programma, è essenziale documentare ogni parte del programma, inclusi i commenti sul codice e le descrizioni delle funzioni. Questo garantisce che il programma sia comprensibile non solo per l'autore, ma anche per altri che potrebbero dover lavorare su di esso in futuro. La documentazione chiara e dettagliata è un elemento fondamentale per la sostenibilità a lungo termine del progetto.

Un altro aspetto cruciale dell'implementazione degli algoritmi di controllo è il testing. Testare il programma in un ambiente simulato prima di implementarlo nell'ambiente reale è una pratica altamente raccomandata. Molti software di programmazione PLC offrono funzionalità di simulazione che permettono di verificare il funzionamento del programma senza rischiare danni ai macchinari o interruzioni nella produzione. Questo passaggio è cruciale per identificare e correggere eventuali errori o inefficienze prima che il programma entri in funzione.

Una volta testato e perfezionato il programma, è possibile caricarlo sul PLC. Questo processo, noto come download, richiede una connessione stabile tra il computer e il PLC. È importante seguire le procedure di download fornite dal produttore per evitare errori e garantire un trasferimento sicuro e corretto del programma. Dopo il download, è essenziale verificare il funzionamento del PLC nell'ambiente reale, monitorando gli input e gli output per assicurarsi che il sistema funzioni come previsto.

Per garantire un funzionamento ottimale, è importante implementare tecniche di ottimizzazione degli algoritmi di controllo. Questo include l'utilizzo di algoritmi efficienti, la riduzione del tempo di esecuzione del programma e la gestione intelligente degli input/output. Per ottenere questi obiettivi, è fondamentale comprendere come il PLC elabora i programmi e come ottimizzare il codice per sfruttare al meglio le risorse disponibili.

Una tecnica efficace per ottimizzare il tempo di esecuzione è l'utilizzo di algoritmi efficienti. Questo significa scegliere la struttura dati e gli algoritmi più adatti al problema specifico. Ad esempio, l'utilizzo di array e matrici può semplificare la gestione di grandi quantità di dati, mentre l'implementazione di algoritmi di ricerca e ordinamento efficienti può ridurre significativamente il tempo di esecuzione. Inoltre, è importante evitare cicli inutili e ridondanze nel codice, utilizzando invece costrutti condizionali e iterativi in modo strategico.

La gestione della memoria è un altro aspetto critico. I PLC hanno una memoria limitata, quindi è essenziale utilizzare la memoria in modo efficiente. Questo significa evitare la creazione di variabili inutili e liberare la memoria non appena non è più necessaria. L'utilizzo di tecniche di allocazione dinamica della memoria, quando supportate dal PLC, può aiutare a gestire meglio le risorse disponibili.

Per quanto riguarda la gestione degli input/output, è importante ottimizzare il modo in cui il PLC interagisce con il mondo esterno. Questo include la riduzione del numero di letture e scritture non necessarie, l'utilizzo di tecniche di polling efficienti e la gestione intelligente delle interruzioni. L'utilizzo di moduli I/O ad alta velocità e bassa latenza può migliorare significativamente le prestazioni del sistema.

Un altro aspetto fondamentale dell'ottimizzazione degli algoritmi di controllo è la modularità e la riusabilità del codice. Scrivere programmi modulari significa suddividere il codice in sezioni più piccole e gestibili, ognuna delle quali svolge una funzione specifica. Questo approccio non solo rende più facile la scrittura e il debug del programma, ma facilita anche la manutenzione e l'aggiornamento futuro. Inoltre, la modularità permette di riutilizzare parti del codice in progetti futuri, riducendo il tempo di sviluppo e migliorando la coerenza tra i progetti.

Per implementare la modularità, è importante utilizzare tecniche di programmazione strutturata e orientata agli oggetti, quando supportate dal PLC. Questo include l'utilizzo di funzioni e subroutine per incapsulare la logica di processo, l'utilizzo di classi e oggetti per rappresentare entità complesse e l'implementazione di pattern di progettazione comuni. Inoltre, è essenziale documentare ogni parte del programma, inclusi i commenti sul codice e le descrizioni delle funzioni, per garantire che il programma sia comprensibile non solo per l'autore, ma anche per altri che potrebbero dover lavorare su di esso in futuro.

Un altro aspetto cruciale dell'ottimizzazione degli algoritmi di controllo è la gestione degli errori e delle eccezioni. I PLC devono essere in grado di gestire situazioni impreviste e anomalie in modo sicuro ed efficiente. Questo include l'implementazione di routine di gestione degli errori che permettono di identificare, registrare e correggere gli errori in modo automatico. Inoltre, è importante implementare meccanismi di fail-safe che garantiscono il funzionamento sicuro del sistema anche in caso di errori critici.

Per implementare una gestione efficace degli errori, è importante utilizzare tecniche di programmazione difensiva. Questo significa prevedere e gestire tutte le possibili situazioni di errore, utilizzando costrutti condizionali e iterativi per verificare le condizioni di ingresso e uscita delle funzioni. Inoltre, è importante implementare routine di logging che permettono di registrare gli errori e le anomalie in modo dettagliato, facilitando la diagnosi e la risoluzione dei problemi.

Infine, è importante considerare la sicurezza durante l'implementazione degli algoritmi di controllo. I PLC devono essere protetti contro accessi non autorizzati, attacchi informatici e guasti catastrofici. Questo include l'implementazione di misure di sicurezza fisica e logica, come la protezione delle porte di accesso, l'utilizzo di password sicure e la gestione degli aggiornamenti del firmware. Inoltre, è importante implementare tecniche di sicurezza del software, come la verifica del codice e la protezione contro le vulnerabilità note.

Per implementare una sicurezza efficace, è importante seguire le normative e gli standard di sicurezza pertinenti, come la norma IEC 62443 per la sicurezza dei sistemi di controllo industriale. Inoltre, è importante implementare una cultura della sicurezza all'interno dell'organizzazione, formando il personale sulle migliori pratiche di sicurezza e promuovendo una mentalità di sicurezza in tutti i progetti di automazione.

In conclusione, l'implementazione di algoritmi di controllo avanzati nei PLC è un campo vasto e complesso, ma con le tecniche e le metodologie giuste, chiunque può ottimizzare i processi industriali e migliorare l'efficienza operativa. Integrare tecniche di configurazione, calibrazione, ottimizzazione, modularità e riusabilità del codice, gestione degli errori e delle eccezioni e sicurezza del sistema sono i pilastri su cui costruire competenze solide e durature nella programmazione PLC. Questo capitolo ha fornito una guida dettagliata per iniziare, ma il vero apprendimento avviene attraverso la pratica costante e l'applicazione delle conoscenze acquisite in progetti reali.

Ottimizzazione avanzata: Sensori e attuatori nei PLC.

In questo capitolo, esploreremo l'integrazione di sensori e attuatori nei PLC, un aspetto fondamentale per ottimizzare i processi industriali e garantire un funzionamento efficiente e affidabile. La corretta configurazione e utilizzo di sensori e attuatori sono essenziali per raccogliere dati accurati e controllare i macchinari in modo preciso. Attraverso una combinazione di teoria e pratica, impareremo come configurare e ottimizzare questi componenti per sfruttare al massimo le potenzialità dei PLC.

Iniziamo con i sensori. I sensori sono dispositivi che rilevano e rispondono a stimoli fisici, come temperatura, pressione, livello, movimento e presenza. I sensori possono essere classificati in due categorie principali: sensori analogici e sensori digitali. I sensori analogici producono un segnale continuo che varia in proporzione alla grandezza fisica misurata, mentre i sensori digitali producono un segnale binario che indica la presenza o l'assenza di una condizione specifica.

Per configurare i sensori nei PLC, è necessario seguire alcune procedure fondamentali. Innanzitutto, è importante identificare il tipo di sensore appropriato per l'applicazione specifica. Questo include la scelta del sensore in base alla grandezza fisica da misurare, alla precisione richiesta e alle condizioni ambientali. Una volta selezionato il sensore, è necessario cablarlo secondo i diagrammi di cablaggio forniti dal produttore. È importante assicurarsi che le connessioni siano sicure e affidabili per evitare errori di installazione.

Una volta cablati i sensori, è necessario configurare il software di programmazione PLC. Questo passaggio include la selezione del PLC target, la definizione delle impostazioni di comunicazione e la configurazione dei moduli di input. È importante assicurarsi che le impostazioni software corrispondano alla configurazione hardware per evitare conflitti e malfunzionamenti. Una volta configurato il progetto, è possibile iniziare a scrivere il programma PLC utilizzando uno dei linguaggi di programmazione supportati, come il Ladder Diagram, il Function Block Diagram, lo Structured Text o il Sequential Function Chart.

Durante la scrittura del programma, è fondamentale adottare un approccio strutturato e modulare. Questo significa suddividere il programma in sezioni più piccole e gestibili, ognuna delle quali svolge una funzione specifica. Un approccio modulare non solo rende più facile la scrittura e il debug del programma, ma facilita anche la manutenzione e l'aggiornamento futuro. È inoltre essenziale documentare ogni parte del programma, inclusi i commenti sul codice e le descrizioni delle funzioni, per garantire che il programma sia comprensibile non solo per l'autore, ma anche per altri che potrebbero dover lavorare su di esso in futuro.

Passiamo ora agli attuatori. Gli attuatori sono dispositivi che convertono un segnale elettrico in un'azione fisica, come il movimento di un motore, l'apertura di una valvola o l'accensione di una luce. Gli attuatori possono essere classificati in due categorie principali: attuatori analogici e attuatori digitali. Gli attuatori analogici ricevono un segnale continuo che varia in proporzione all'azione da eseguire, mentre gli attuatori digitali ricevono un segnale binario che indica l'attivazione o la disattivazione dell'azione.

Per configurare gli attuatori nei PLC, è necessario seguire alcune procedure fondamentali. Innanzitutto, è importante identificare il tipo di attuatore appropriato per l'applicazione specifica. Questo include la scelta dell'attuatore in base all'azione da eseguire, alla precisione richiesta e alle condizioni ambientali. Una volta selezionato l'attuatore, è necessario cablarlo secondo i diagrammi di cablaggio forniti dal produttore. È importante assicurarsi che le connessioni siano sicure e affidabili per evitare errori di installazione.

Una volta cablati gli attuatori, è necessario configurare il software di programmazione PLC. Questo passaggio include la selezione del PLC target, la definizione delle impostazioni di comunicazione e la configurazione dei moduli di output. È importante assicurarsi che le impostazioni software corrispondano alla configurazione hardware per evitare conflitti e malfunzionamenti. Una volta configurato il progetto, è possibile iniziare a scrivere il programma PLC utilizzando uno dei linguaggi di programmazione supportati, come il Ladder Diagram, il Function Block Diagram, lo Structured Text o il Sequential Function Chart.

Durante la scrittura del programma, è fondamentale adottare un approccio strutturato e modulare. Questo significa suddividere il programma in sezioni più piccole e gestibili, ognuna delle quali svolge una funzione specifica. Un approccio modulare non solo rende più facile la scrittura e il debug del programma, ma facilita anche la manutenzione e l'aggiornamento futuro. È inoltre essenziale documentare ogni parte del programma, inclusi i commenti sul codice e le descrizioni delle funzioni, per garantire che il programma sia comprensibile non solo per l'autore, ma anche per altri che potrebbero dover lavorare su di esso in futuro.

Un altro aspetto cruciale dell'integrazione di sensori e attuatori è la taratura e la calibrazione. La taratura è il processo di regolazione dei sensori e degli attuatori per garantire che i segnali letti o scritti siano accurati e affidabili. La calibrazione, d'altra parte, è il processo di verifica e correzione dei sensori e degli attuatori per garantire che i segnali siano entro i limiti specificati. Entrambi questi processi sono essenziali per garantire un funzionamento ottimale del sistema.

Per tarare e calibrare i sensori e gli attuatori, è necessario utilizzare strumenti di misurazione di precisione, come multimetri e oscilloscopi. È importante seguire le procedure di taratura e calibrazione fornite dal produttore per garantire risultati accurati e affidabili. Inoltre, è importante documentare i risultati della taratura e della calibrazione per garantire la tracciabilità e la ripetibilità dei processi.

Infine, è importante considerare la sicurezza durante l'integrazione di sensori e attuatori. La sicurezza include la protezione contro accessi non autorizzati, la gestione sicura degli errori e l'implementazione di misure di sicurezza per prevenire guasti catastrofici. È fondamentale seguire le normative e gli standard di sicurezza pertinenti per garantire un setup sicuro e affidabile.

In conclusione, l'integrazione di sensori e attuatori nei PLC è un aspetto fondamentale per ottimizzare i processi industriali e garantire un funzionamento efficiente e affidabile. Seguendo le procedure descritte in questo capitolo e adottando le migliori pratiche, è possibile garantire una configurazione corretta e affidabile dei sensori e degli attuatori. La combinazione di una configurazione hardware accurata e una programmazione software ben strutturata è la chiave per sfruttare al massimo le potenzialità dei PLC e ottenere risultati eccellenti nell'automazione industriale. Questo capitolo ha fornito una guida dettagliata per iniziare, ma il vero apprendimento avviene attraverso la pratica costante e l'applicazione delle conoscenze acquisite in progetti reali.

Ottimizzazione della comunicazione PLC: Procedure e best practice.

La comunicazione efficace tra i PLC e altri dispositivi è fondamentale per garantire un funzionamento ottimale dei sistemi di automazione industriale. Questo capitolo si propone di fornire una guida dettagliata sulle procedure di configurazione e sulle migliori pratiche per ottimizzare la comunicazione tra i PLC e una vasta gamma di dispositivi, inclusi sensori, attuatori, sistemi SCADA e altri PLC. Attraverso una combinazione di teoria e pratica, impareremo come configurare e ottimizzare la comunicazione per sfruttare al massimo le potenzialità dei PLC.

Iniziamo con la comprensione dei protocolli di comunicazione. I PLC moderni supportano una varietà di protocolli di comunicazione, ognuno con le proprie caratteristiche e applicazioni specifiche. I protocolli più comuni includono Modbus, Profibus, Ethernet/IP e CANopen. Comprendere le caratteristiche di ciascun protocollo è essenziale per scegliere il protocollo appropriato per l'applicazione specifica. Ad esempio, Modbus è un protocollo semplice e ampiamente utilizzato per la comunicazione seriale, mentre Ethernet/IP offre una comunicazione più veloce e affidabile su reti Ethernet.

Una volta scelto il protocollo di comunicazione, è necessario configurare i parametri di comunicazione. Questo include la definizione dell'indirizzo del dispositivo, della velocità di trasmissione (baud rate), del tipo di connessione (seriale, Ethernet, ecc.) e delle impostazioni di parità. La configurazione corretta dei parametri di comunicazione è cruciale per garantire una comunicazione affidabile e sicura. È importante seguire le procedure di configurazione fornite dal produttore e utilizzare strumenti di analisi per verificare la qualità della comunicazione.

Un altro aspetto fondamentale della configurazione della comunicazione è la gestione delle connessioni. La gestione delle connessioni include la configurazione delle connessioni point-to-point, delle reti in modalità bus e delle reti in modalità stella. La scelta del tipo di connessione dipende dalle esigenze dell'applicazione e dalle caratteristiche del sistema. Ad esempio, le connessioni point-to-point sono ideali per applicazioni semplici con pochi dispositivi, mentre le reti in modalità bus e stella sono più adatte per sistemi complessi con molti dispositivi.

Per garantire una comunicazione affidabile, è importante implementare tecniche di gestione degli errori e delle eccezioni. I PLC devono essere in grado di gestire situazioni impreviste e anomalie in modo sicuro ed efficiente. Questo include l'implementazione di routine di gestione degli errori che permettono di identificare, registrare e correggere gli errori in modo automatico. Inoltre, è importante implementare meccanismi di fail-safe che garantiscono il funzionamento sicuro del sistema anche in caso di errori critici.

Un altro aspetto cruciale della configurazione della comunicazione è la sicurezza. La sicurezza della comunicazione include la protezione contro accessi non autorizzati, la gestione sicura degli errori e l'implementazione di misure di sicurezza per prevenire guasti catastrofici. Questo include l'implementazione di tecniche di sicurezza della comunicazione, come la crittografia e l'autenticazione, per garantire la protezione dei dati e la prevenzione degli accessi non autorizzati. È fondamentale seguire le normative e gli standard di sicurezza pertinenti, come la norma IEC 62443 per la sicurezza dei sistemi di controllo industriale.

Per garantire una configurazione corretta e affidabile della comunicazione, è importante seguire le migliori pratiche. Innanzitutto, è essenziale documentare ogni parte della configurazione, inclusi i commenti sui parametri di comunicazione e le descrizioni delle funzioni. Questo garantisce che la configurazione sia comprensibile non solo per l'autore, ma anche per altri che potrebbero dover lavorare su di essa in futuro. La documentazione chiara e dettagliata è un elemento fondamentale per la sostenibilità a lungo termine del progetto.

Un altro aspetto importante delle migliori pratiche è il testing. Testare la configurazione della comunicazione in un ambiente simulato prima di implementarlo nell'ambiente reale è una pratica altamente raccomandata. Molti software di programmazione PLC offrono funzionalità di simulazione che permettono di verificare il funzionamento della comunicazione senza rischiare danni ai macchinari o interruzioni nella produzione. Questo passaggio è cruciale per identificare e correggere eventuali errori o inefficienze prima che la configurazione entri in funzione.

Una volta testata e perfezionata la configurazione, è possibile implementarla nell'ambiente reale. Questo processo include la connessione fisica dei dispositivi, la configurazione dei parametri di comunicazione e la verifica del funzionamento della comunicazione. È importante seguire le procedure di implementazione fornite dal produttore per evitare errori e garantire un setup sicuro e affidabile.

Infine, è importante considerare la manutenzione e l'aggiornamento della configurazione della comunicazione. La manutenzione include la verifica periodica della qualità della comunicazione, la risoluzione dei problemi di rete e l'aggiornamento dei parametri di comunicazione in caso di modifiche al sistema. L'aggiornamento include l'implementazione di nuove tecnologie e protocolli di comunicazione per migliorare l'efficienza e la sicurezza del sistema.

In conclusione, la configurazione della comunicazione tra i PLC e altri dispositivi è un aspetto fondamentale per ottimizzare i processi industriali e garantire un funzionamento efficiente e affidabile. Seguendo le procedure descritte in questo capitolo e adottando le migliori pratiche, è possibile garantire una configurazione corretta e affidabile della comunicazione. La combinazione di una configurazione hardware accurata e una programmazione software ben strutturata è la chiave per sfruttare al massimo le potenzialità dei PLC e ottenere risultati eccellenti nell'automazione industriale. Questo capitolo ha fornito una guida dettagliata per iniziare, ma il vero apprendimento avviene attraverso la pratica costante e l'applicazione delle conoscenze acquisite in progetti reali.

Strategie avanzate per ottimizzare prestazioni PLC in ambito industriale

In questo capitolo, esploreremo le tecniche avanzate di diagnostica e risoluzione dei problemi comuni nei PLC, offrendo strumenti e metodologie per affrontare sfide complesse e ottimizzare le prestazioni del sistema. La diagnostica e la risoluzione dei problemi sono aspetti fondamentali per garantire un funzionamento efficiente e affidabile dei PLC in ambito industriale. Attraverso una combinazione di teoria e pratica, impareremo come identificare, analizzare e risolvere i problemi più comuni per sfruttare al massimo le potenzialità dei PLC.

Iniziamo con la diagnostica dei problemi. La diagnostica è il processo di identificazione e analisi dei problemi che possono verificarsi in un sistema PLC. Questo include la rilevazione di errori di comunicazione, malfunzionamenti degli I/O, problemi di alimentazione e anomalie nel funzionamento del programma. Per effettuare una diagnostica efficace, è fondamentale comprendere le caratteristiche del sistema e utilizzare strumenti di diagnostica appropriati.

Uno degli strumenti più comuni per la diagnostica dei PLC è il software di monitoraggio e diagnostica fornito dal produttore. Questi strumenti permettono di visualizzare lo stato del sistema in tempo reale, monitorare i valori degli I/O, analizzare i log degli errori e identificare le cause dei problemi. È importante familiarizzare con questi strumenti e utilizzarli regolarmente per mantenere il sistema in condizioni ottimali.

Un altro aspetto cruciale della diagnostica è l'analisi dei log degli errori. I log degli errori contengono informazioni dettagliate su tutti gli errori e le anomalie che si verificano nel sistema. Analizzare questi log permette di identificare le cause dei problemi e implementare soluzioni appropriate. È importante documentare i risultati dell'analisi dei log per garantire la tracciabilità e la ripetibilità del processo.

Una volta identificati i problemi, è il momento di passare alla risoluzione. La risoluzione dei problemi è il processo di implementazione di soluzioni appropriate per correggere gli errori e ripristinare il funzionamento del sistema. Questo include la modifica del programma PLC, la sostituzione dei componenti difettosi e l'implementazione di misure di sicurezza per prevenire il ripetersi dei problemi.

Un approccio efficace per la risoluzione dei problemi è l'utilizzo di tecniche di troubleshooting strutturato. Questo significa seguire un processo sistematico per identificare e risolvere i problemi, partendo dall'analisi dei sintomi fino alla implementazione della soluzione. Un processo strutturato non solo rende più facile la risoluzione dei problemi, ma facilita anche la documentazione e la condivisione delle soluzioni con altri membri del team.

Un altro aspetto fondamentale della risoluzione

dei problemi è la documentazione. Documentare ogni fase del processo di risoluzione dei problemi, inclusi i sintomi, le cause identificate e le soluzioni implementate, è essenziale per garantire che il problema sia risolto in modo completo e che non si ripeta in futuro. La documentazione chiara e dettagliata è un elemento fondamentale per la sostenibilità a lungo termine del sistema.

Passiamo ora alle tecniche specifiche per la risoluzione dei problemi comuni. Uno dei problemi più comuni nei PLC è l'errore di comunicazione. Gli errori di comunicazione possono verificarsi a causa di problemi di cablaggio, configurazione errata dei parametri di comunicazione o interferenze elettromagnetiche. Per risolvere questi problemi, è importante verificare il cablaggio, configurare correttamente i parametri di comunicazione e implementare misure di protezione contro le interferenze.

Un altro problema comune è il malfunzionamento degli I/O. I malfunzionamenti degli I/O possono verificarsi a causa di problemi di cablaggio, configurazione errata dei moduli I/O o guasti dei componenti. Per risolvere questi problemi, è importante verificare il cablaggio, configurare correttamente i moduli I/O e sostituire i componenti difettosi.

Un problema comune nei PLC è anche il problema di alimentazione. I problemi di alimentazione possono verificarsi a causa di guasti dell'alimentatore, cablaggio difettoso o sovraccarichi. Per risolvere questi problemi, è importante verificare il cablaggio, sostituire l'alimentatore difettoso e implementare misure di protezione contro i sovraccarichi.

Infine, un problema comune è l'anomalia nel funzionamento del programma. Le anomalie nel funzionamento del programma possono verificarsi a causa di errori di programmazione, configurazione errata dei parametri o interferenze elettromagnetiche. Per risolvere questi problemi, è importante rivedere il programma, configurare correttamente i parametri e implementare misure di protezione contro le interferenze.

Un altro aspetto cruciale della risoluzione dei problemi è la prevenzione. La prevenzione è il processo di implementazione di misure appropriate per prevenire il ripetersi dei problemi. Questo include la manutenzione regolare del sistema, l'aggiornamento del firmware e l'implementazione di misure di sicurezza per proteggere il sistema contro accessi non autorizzati e attacchi informatici.

Per implementare una prevenzione efficace, è importante seguire le procedure di manutenzione fornite dal produttore e utilizzare strumenti di analisi per verificare lo stato del sistema. Inoltre, è importante implementare una cultura della prevenzione all'interno dell'organizzazione, formando il personale sulle migliori pratiche di manutenzione e sicurezza e promuovendo una mentalità di prevenzione in tutti i progetti di automazione.

In conclusione, la diagnostica e la risoluzione dei problemi comuni sono aspetti fondamentali per ottimizzare le prestazioni del PLC in ambito industriale. Seguendo le procedure descritte in questo capitolo e adottando le migliori pratiche, è possibile garantire un funzionamento efficiente e affidabile del sistema. La combinazione di una diagnostica efficace, una risoluzione dei problemi strutturata e una prevenzione adeguata è la chiave per sfruttare al massimo le potenzialità dei PLC e ottenere risultati eccellenti nell'automazione industriale. Questo capitolo ha fornito una guida dettagliata per iniziare, ma il vero apprendimento avviene attraverso la pratica costante e l'applicazione delle conoscenze acquisite in progetti reali.

Ottimizzazione Avanzata dei Processi Industriali con PLC

In questo capitolo, esploreremo le tecniche avanzate per migliorare le prestazioni e ottimizzare i processi industriali utilizzando i PLC. La programmazione e l'automazione dei PLC sono strumenti potenti per aumentare l'efficienza operativa e garantire un funzionamento affidabile dei sistemi industriali. Attraverso una combinazione di teoria e pratica, impareremo come implementare strategie e migliori pratiche per garantire un funzionamento ottimale.

Iniziamo con l'analisi delle prestazioni attuali. Prima di implementare qualsiasi ottimizzazione, è fondamentale comprendere lo stato attuale del sistema. Questo include la valutazione delle prestazioni dei processi, l'identificazione dei colli di bottiglia e l'analisi dei dati di produzione. Utilizzando strumenti di monitoraggio e analisi, è possibile raccogliere dati dettagliati sulle prestazioni del sistema e identificare le aree che necessitano di miglioramento.

Una volta identificate le aree di miglioramento, è possibile implementare strategie di ottimizzazione mirate. Una delle strategie più efficaci è l'ottimizzazione degli algoritmi di controllo. Gli algoritmi di controllo avanzati, come il controllo predittivo e il controllo adattivo, possono migliorare significativamente l'efficienza e la precisione dei processi. Questi algoritmi utilizzano modelli matematici per prevedere il comportamento del sistema e ottimizzare le azioni di controllo in tempo reale.

Per implementare algoritmi di controllo avanzati, è importante seguire un processo strutturato. Questo include la selezione dell'algoritmo appropriato, la configurazione dei parametri di controllo e la calibrazione dell'algoritmo. La configurazione corretta dei parametri è cruciale per garantire un controllo efficace e stabile. Inoltre, la calibrazione dell'algoritmo permette di adattare i parametri in modo che il sistema risponda in modo ottimale alle variazioni di input.

Un altro aspetto fondamentale dell'ottimizzazione dei processi è la gestione efficiente degli input/output. I PLC devono essere in grado di interagire con il mondo esterno in modo efficiente e affidabile. Questo include la riduzione del numero di letture e scritture non necessarie, l'utilizzo di tecniche di polling efficienti e la gestione intelligente delle interruzioni. L'utilizzo di moduli I/O ad alta velocità e bassa latenza può migliorare significativamente le prestazioni del sistema.

La modularità e la riusabilità del codice sono altri aspetti cruciali dell'ottimizzazione dei processi. Scrivere programmi modulari significa suddividere il codice in sezioni più piccole e gestibili, ognuna delle quali svolge una funzione specifica. Questo approccio non solo rende più facile la scrittura e il debug del programma, ma facilita anche la manutenzione e l'aggiornamento futuro. Inoltre, la modularità permette di riutilizzare parti del codice in progetti futuri, riducendo il tempo di sviluppo e migliorando la coerenza tra i progetti.

Per implementare la modularità, è importante utilizzare tecniche di programmazione strutturata e orientata agli oggetti, quando supportate dal PLC. Questo include l'utilizzo di funzioni e subroutine per incapsulare la logica di processo, l'utilizzo di classi e oggetti per rappresentare entità complesse e l'implementazione di pattern di progettazione comuni. Inoltre, è essenziale documentare ogni parte del programma, inclusi i commenti sul codice e le descrizioni delle funzioni, per garantire che il programma sia comprensibile non solo per l'autore, ma anche per altri che potrebbero dover lavorare su di esso in futuro.

Un altro aspetto cruciale dell'ottimizzazione dei processi è la gestione degli errori e delle eccezioni. I PLC devono essere in grado di gestire situazioni impreviste e anomalie in modo sicuro ed efficiente. Questo include l'implementazione di routine di gestione degli errori che permettono di identificare, registrare e correggere gli errori in modo automatico. Inoltre, è importante implementare meccanismi di fail-safe che garantiscono il funzionamento sicuro del sistema anche in caso di errori critici.

Per implementare una gestione efficace degli errori, è importante utilizzare tecniche di programmazione difensiva. Questo significa prevedere e gestire tutte le possibili situazioni di errore, utilizzando costrutti condizionali e iterativi per verificare le condizioni di ingresso e uscita delle funzioni. Inoltre, è importante implementare routine di logging che permettono di registrare gli errori e le anomalie in modo dettagliato, facilitando la diagnosi e la risoluzione dei problemi.

Infine, è importante considerare la sicurezza durante l'ottimizzazione dei processi. I PLC devono essere protetti contro accessi non autorizzati, attacchi informatici e guasti catastrofici. Questo include l'implementazione di misure di sicurezza fisica e logica, come la protezione delle porte di accesso, l'utilizzo di password sicure e la gestione degli aggiornamenti del firmware. Inoltre, è importante implementare tecniche di sicurezza del software, come la verifica del codice e la protezione contro le vulnerabilità note.

Per implementare una sicurezza efficace, è importante seguire le normative e gli standard di sicurezza pertinenti, come la norma IEC 62443 per la sicurezza dei sistemi di controllo industriale. Inoltre, è importante implementare una cultura della sicurezza all'interno dell'organizzazione, formando il personale sulle migliori pratiche di sicurezza e promuovendo una mentalità di sicurezza in tutti i progetti di automazione.

In conclusione, l'ottimizzazione avanzata dei processi industriali con PLC è un campo vasto e complesso, ma con le tecniche e le metodologie giuste, chiunque può migliorare le prestazioni e l'efficienza operativa. Integrare strategie di analisi delle prestazioni, ottimizzazione degli algoritmi di controllo, gestione efficiente degli input/output, modularità e riusabilità del codice, gestione degli errori e delle eccezioni e sicurezza del sistema sono i pilastri su cui costruire competenze solide e durature nella programmazione PLC. Questo capitolo ha fornito una guida dettagliata per iniziare, ma il vero apprendimento avviene attraverso la pratica costante e l'applicazione delle conoscenze acquisite in progetti reali.

Esplorare il futuro: PLC tra innovazione e evoluzione tecnologica

In un mondo in continua evoluzione, i PLC (Programmable Logic Controller) non sono esenti da innovazioni e trasformazioni. Questo capitolo si propone di esplorare le tendenze future e le innovazioni nel mondo dei PLC, offrendo una panoramica delle tecnologie emergenti e delle strategie per rimanere al passo con l'evoluzione del settore.

Iniziamo con l'Internet of Things (IoT) e la sua integrazione con i PLC. L'IoT sta rivoluzionando il modo in cui i dispositivi interagiscono tra loro e con l'ambiente circostante. I PLC, grazie alla loro capacità di controllare e monitorare processi industriali, sono al centro di questa rivoluzione. L'integrazione dei PLC con l'IoT permette di raccogliere e analizzare dati in tempo reale, offrendo una visione più ampia e dettagliata dei processi industriali. Questo, a sua volta, consente di prendere decisioni più informate e di ottimizzare ulteriormente i processi.

Un'altra tendenza emergente è l'utilizzo dell'intelligenza artificiale (AI) e del machine learning (ML) nei PLC. L'AI e il ML possono essere utilizzati per analizzare grandi quantità di dati e identificare modelli e tendenze che potrebbero non essere evidenti agli occhi umani. Questo permette di prevedere guasti, ottimizzare i processi e migliorare la qualità del prodotto. Inoltre, l'AI e il ML possono essere utilizzati per creare algoritmi di controllo più avanzati e adattativi, che possono apprendere e migliorare nel tempo.

La cybersecurity è un altro aspetto cruciale nell'evoluzione dei PLC. Con l'aumento della connettività e dell'integrazione con l'IoT, i PLC diventano più vulnerabili agli attacchi informatici. È fondamentale implementare misure di sicurezza robuste per proteggere i PLC e i dati sensibili. Questo include l'utilizzo di tecniche di crittografia, l'implementazione di firewall e l'utilizzo di protocolli di sicurezza avanzati. Inoltre, è importante formare il personale sulle migliori pratiche di sicurezza e promuovere una cultura della sicurezza all'interno dell'organizzazione.

L'edge computing è un'altra innovazione che sta guadagnando terreno nel mondo dei PLC. L'edge computing permette di elaborare i dati vicino alla fonte, riducendo la latenza e migliorando l'efficienza. Questo è particolarmente utile per i processi industriali che richiedono tempi di risposta rapidi e precisi. L'edge computing può essere utilizzato per analizzare i dati in tempo reale, prendere decisioni immediate e ottimizzare i processi.

La sostenibilità e l'efficienza energetica sono altri aspetti importanti nell'evoluzione dei PLC. Con la crescente attenzione alle questioni ambientali, è fondamentale implementare strategie per ridurre il consumo energetico e migliorare l'efficienza dei processi. I PLC possono essere utilizzati per monitorare e ottimizzare il consumo energetico, identificare aree di inefficienza e implementare soluzioni per migliorare l'efficienza energetica.

Infine, l'evoluzione dei PLC non può prescindere dall'importanza della formazione e dell'aggiornamento continuo. Con l'introduzione di nuove tecnologie e l'evoluzione del settore, è fondamentale che i professionisti mantengano le loro competenze aggiornate. Questo include la partecipazione a corsi di formazione, l'aggiornamento delle certificazioni e l'apprendimento continuo attraverso la pratica e l'applicazione delle conoscenze acquisite in progetti reali.

In conclusione, il futuro dei PLC è luminoso e pieno di opportunità. L'integrazione con l'IoT, l'utilizzo dell'AI e del ML, la cybersecurity, l'edge computing, la sostenibilità e l'efficienza energetica sono solo alcune delle tendenze e delle innovazioni che stanno plasmando il futuro dei PLC. Per rimanere al passo con l'evoluzione del settore, è fondamentale adottare una mentalità aperta e proattiva, abbracciare le nuove tecnologie e continuare a imparare e crescere. Questo capitolo ha fornito una panoramica delle tendenze future e delle innovazioni nel mondo dei PLC, ma il vero apprendimento avviene attraverso la pratica costante e l'applicazione delle conoscenze acquisite in progetti reali.

Conclusione

In questo libro, abbiamo esplorato a fondo il mondo dei PLC (Programmable Logic Controller), offrendo una panoramica completa delle teorie, delle pratiche e delle innovazioni che stanno plasmando il futuro di questi dispositivi fondamentali per l'automazione industriale. Abbiamo iniziato con una panoramica delle basi della programmazione PLC, esaminando i concetti fondamentali, i linguaggi di programmazione e le migliori pratiche per iniziare con il piede giusto. Abbiamo poi approfondito la configurazione hardware e software dei PLC, fornendo una guida dettagliata per garantire un setup corretto e affidabile.

Abbiamo esplorato le tecniche avanzate di programmazione PLC, offrendo strumenti e metodologie per affrontare problemi complessi e ottimizzare le prestazioni del sistema. Abbiamo discusso l'importanza della gestione degli ingressi e uscite (I/O), esaminando sia gli I/O digitali che analogici e le procedure per configurarli e ottimizzarli. Abbiamo anche esplorato l'implementazione di algoritmi di controllo avanzati nei PLC, fornendo una guida dettagliata per configurare e ottimizzare questi algoritmi per garantire un funzionamento ottimale.

Abbiamo discusso l'integrazione di sensori e attuatori nei PLC, esaminando le procedure per configurarli e ottimizzarli per garantire un funzionamento efficiente e affidabile. Abbiamo anche esplorato le procedure e le migliori pratiche per ottimizzare la comunicazione tra i PLC e altri dispositivi, garantendo una comunicazione affidabile e sicura. Abbiamo discusso le tecniche avanzate di diagnostica e risoluzione dei problemi comuni nei PLC, offrendo strumenti e metodologie per affrontare sfide complesse e ottimizzare le prestazioni del sistema.

Abbiamo esplorato le tecniche avanzate per migliorare le prestazioni e ottimizzare i processi industriali utilizzando i PLC, fornendo una guida dettagliata per implementare strategie e migliori pratiche per garantire un funzionamento ottimale. Infine, abbiamo esplorato le tendenze future e le innovazioni nel mondo del PLC, offrendo una panoramica delle tecnologie emergenti e delle strategie per rimanere al passo con l'evoluzione del settore.

In sintesi, questo libro ha fornito una guida completa per comprendere e padroneggiare i PLC, offrendo una combinazione di teoria e pratica per garantire un funzionamento efficiente e affidabile dei sistemi di automazione industriale. Abbiamo discusso l'importanza della diagnostica e della risoluzione dei problemi, della prevenzione, della sicurezza e della formazione continua per garantire un funzionamento ottimale dei PLC. Abbiamo esplorato le innovazioni emergenti, come l'integrazione con l'IoT, l'utilizzo dell'AI e del ML, la cybersecurity, l'edge computing, la sostenibilità e l'efficienza energetica, che stanno plasmando il futuro dei PLC.

In conclusione, il mondo dei PLC è in continua evoluzione, offrendo nuove opportunità e sfide per i professionisti del settore. Per rimanere al passo con l'evoluzione del settore, è fondamentale adottare una mentalità aperta e proattiva, abbracciare le nuove tecnologie e continuare a imparare e crescere. Questo libro ha fornito una guida dettagliata per iniziare, ma il vero apprendimento avviene attraverso la pratica costante e l'applicazione delle conoscenze acquisite in progetti reali.

www.ingramcontent.com/pod-product-compliance
Lightning Source LLC
Chambersburg PA
CBHW061027050326
40689CB00012B/2725